Frère Roger
Prior von

in der Herderbücherei

Frère Roger
Prior von Taizé

Seine Bücher im
Gütersloher Verlagshaus Gerd Mohn:

Ein Fest ohne Ende
124 Seiten, kart. 9.80 DM

Die Regel von Taizé
71 Seiten, kart. 9.80 DM

Einmütig im Pluralismus
Eine Aktualisierung der Regel von Taizé
119 Seiten, Ln. 9.80 DM

Dynamik des Vorläufigen
128 Seiten, Ln. 12.80 DM

Herderbücherei

Band 365

Frère Roger (geb. 1915) ist Gründer und Prior der ökumenischen „Communauté" (Gemeinschaft) von Taizé. 1940 ließ er sich allein in Taizé, einem kleinen Dorf in Burgund, nieder. 1942 schlossen sich ihm die ersten Brüder an. 1949 haben sie sich endgültig zum gemeinsamen Leben gebunden und sagten für ihr ganzes Leben Ja zur Ehelosigkeit, Gütergemeinschaft und Anerkennung einer Autorität.

Heute zählt die Communauté über 70 Brüder aus allen Kirchen, unter ihnen sind auch katholische Brüder und Priester (mit dem Einverständnis des Kardinals von Paris). Taizé ist daher eine ökumenische Gemeinschaft und als solche ohne besondere konfessionelle Zugehörigkeit. Die Brüder stammen aus 15 verschiedenen Ländern.

Die Communauté von Taizé hat sich zur Aufgabe gestellt, für die sichtbare Einheit der Christen zu arbeiten, die Voraussetzung ist für den Auftrag der Christen in der Welt.

Von Anfang an engagierte sich die Communauté beim Kampf für Gerechtigkeit. Mehrere landwirtschaftliche Genossenschaften wurden in der Umgebung gegründet. Sobald die Communauté auf 12 Brüder angewachsen war, gingen einige von ihnen zur Arbeit in ein nahegelegenes Bergwerksgebiet. Andere Brüder leben zeitweilig in kleinen Gruppen in Ländern der südlichen Kontinente und teilen das Leben und den Kampf der Menschen dort.

Die Brüder treffen sich, wo sie auch sind, dreimal täglich zum gemeinsamen Gottesdienst.

Die Communauté von Taizé lebt vom Ertrag ihrer eigenen Arbeit, legt keine Rücklagen an und nimmt auch keine Spenden an.

In den ersten zwanzig Jahren lebte die Communauté ziemlich einsam. Völlig unerwartet kamen mit Beginn der 60er Jahre immer mehr Jugendliche nach Taizé. Nach gemeinsamen Jugendtreffen während einiger Jahre entstand der Gedanke des Konzils der Jugend. Frère Roger kündigte es Ostern 1970 an. Am 30. August 1974 wurde es in Taizé eröffnet. Es wird mehrere Jahre dauern und sich auf alle Kontinente erstrecken.

Frère Roger ist Autor mehrerer Bücher: Dynamik des Vorläufigen, Die Gewalt der Friedfertigen, Ein Fest ohne Ende, Kampf und Kontemplation, Im Heute Gottes leben, Aufbruch ins Ungeahnte.

Frère Roger

Prior von Taizé

Die Regel von Taizé

Mit dem Brief
„Das Unverhoffte gestalten"

Herderbücherei

Veröffentlicht als Herder-Taschenbuch
Lizenzausgabe des
Gütersloher Verlagshauses Gerd Mohn:
„Die Regel von Taizé“
Die französische Originalausgabe erschien 1962
unter dem Titel
„La Règle de Taizé“
in Les Presses de Taizé
Deutsche Übersetzung: Communauté de Taizé

1. Auflage März 1970
2. Auflage Mai 1971
3. Auflage April 1972
4. Auflage August 1972
5. Auflage August 1973
6. Auflage Juli 1974
7. Auflage Dezember 1974
8. Auflage April 1976
9. Auflage August 1977
10. Auflage Juli 1978

Meinen Brüdern
Euer Bruder Roger

à mes frères
votre frère Roger

Table des Matières

Inhalt

Préambule

Frère, si tu te soumets à une règle commune, tu le peux seulement à cause du Christ et de l'Evangile[1].

Ta louange et ton service sont désormais intégrés dans une communauté fraternelle, elle-même incorporée à l'Eglise. En ta recherche intérieure, si nécessaire à ta vie chrétienne, tu es stimulé par l'entraînement commun. Tu n'es désormais plus seul. Tu dois compter en tout avec tes frères.

Aussi, loin de gémir sous le poids d'une règle, réjouis-toi; car, renonçant à regarder en arrière[2], porté avec tous par une même Parole, tu peux chaque jour t'élancer à nouveau vers le Christ.

La présente règle renferme le minimum en dehors duquel une communauté ne peut s'édifier en Christ et s'adonner à un même service de Dieu. Cette volonté de ne fixer que l'essentiel laisse un risque: que ta liberté ne devienne un prétexte à vivre selon tes propres impulsions.

Assuré de ton salut par l'unique grâce du Seigneur Jésus-Christ, tu ne t'imposes pas une ascèse pour elle-même. La recherche d'une maîtrise de ta personne n'a d'autre fin qu'une plus grande disponibilité. Pas d'abs-

Präambel

Bruder, wenn du dich einer gemeinsamen Regel unter-
wirfst, so kannst du das allein um Christi und des Evan-
geliums willen[1].

Dein Lobsingen und dein Dienen sind von nun an
Teil einer brüderlichen Gemeinschaft, die der Kirche
eingegliedert ist. Bei deinem Suchen, das so notwendig
ist für dein Leben als Christ, wirst du durch diese Ge-
meinschaft angespornt und mitgenommen. Du bist von
nun an nicht mehr allein. In allem mußt du mit deinen
Brüdern rechnen.

Seufze also nicht unter der Last einer Regel; vielmehr
freue dich! Denn du gibst es auf, zurückzublicken[2]*, ge-*
meinsam mit allen wirst du getragen vom gleichen Wort
des Herrn und kannst dich so jeden Tag von neuem
Christus entgegenwerfen.

Diese Regel umfaßt das Minimum, ohne das eine
Communauté sich nicht in Christus aufbauen, sich
nicht dem gleichen Dienst für Gott hingeben kann. Bei
diesem Bestreben, nur das Wesentlichste festzulegen,
bleibt eine Gefahr: daß nämlich deine Freiheit zum
Vorwand wird für ein Leben nach deinem eigenen Gut-
dünken.

tentions inutiles, tiens-t'en aux œuvres que Dieu ordonne. Porter les fardeaux des autres, accepter les mesquines blessures de chaque jour, pour communier concrètement aux souffrances du Christ, voilà notre première ascèse.

Tu as peur qu'une règle commune n'étouffe ta personnalité, alors qu'elle doit te libérer d'entraves inutiles pour mieux porter les responsabilités, pour mieux user de toutes les audaces du ministère. Comme tout chrétien tu dois accepter la tension entre la liberté totale donnée par le Saint-Esprit et les impossibilités où te place la nature humaine, celle du prochain et la tienne.

Tu rétrécirais ta compréhension de l'Evangile si, par crainte de perdre ta vie, tu te réservais toi-même. Si le grain ne meurt[3], tu ne peux espérer voir ta personne s'épanouir en plénitude de vie chrétienne.

Ne reste jamais sur place, marche avec tes frères, cours au but sur les traces du Christ. Et sa trace est un chemin de lumière: Je suis, mais aussi: vous êtes la lumière du monde[4]... Pour que la clarté du Christ te pénètre, il ne suffit pas de la contempler (comme si tu n'étais qu'un pur esprit), tu dois t'engager résolument de corps et d'esprit dans ce chemin.

Sois parmi les hommes un signe d'amour fraternel et de joie.

Ouvre-toi à ce qui est humain et tu verras s'évanouir tout vain désir de fuite du monde. Sois présent à ton époque, adapte-toi aux conditions du moment. O Père,

Weil dein Heil in der alleinigen Gnade des Herrn Jesus Christus liegt, legst du dir keine Askese um ihrer selbst willen auf. Dein Streben nach Selbstbeherrschung hat nichts anderes zum Ziel als eine größere Verfügbarkeit. Keine unnötigen Verzichtleistungen! Halte dich an das, was Gott von dir fordert. Die Last der anderen tragen, die kleinen Kränkungen des Alltags hinnehmen, um konkret an den Leiden Christi teilzuhaben – das ist unsere allererste Askese.

Du fürchtest, eine gemeinsame Regel könnte deine Persönlichkeit ersticken, wo sie dich doch von unnützen Fesseln freimachen soll, damit du die Verantwortung, die der Dienst mit sich bringt, besser tragen, und der Kühnheit, die in ihm liegt, besser gerecht werden kannst. Wie jeder Christ mußt du die Spannung auf dich nehmen zwischen der totalen vom Heiligen Geist geschenkten Freiheit und den Unmöglichkeiten, vor die dich die menschliche Natur stellt, die Natur deines Nächsten und deine eigene.

Du würdest dein Verständnis des Evangeliums einengen, wenn du aus Furcht, dein Leben zu verlieren, dich selbst festhieltest. Wenn das Weizenkorn nicht stirbt[3], kannst du nicht hoffen, jemals deine ganze Persönlichkeit zur Fülle des Christenlebens sich entfalten zu sehen.

Bleib niemals auf der Stelle, zieh vorwärts mit deinen Brüdern, lauf dem Ziele zu auf den Spuren Christi! Und seine Spur ist ein Weg des Lichts: Ich bin, *aber auch* ihr seid das Licht der Welt[4]. *Damit die Klarheit Christi*

je ne te prie pas de les ôter du monde, mais de les préserver du mal[5].

Aime les déshérités, tous ceux qui, vivant dans l'injustice des hommes, ont soif de justice; Jésus avait pour eux des égards particuliers; ne redoute jamais d'être gêné par eux.

Apporte à tes parents une affection profonde; qu'elle les aide à reconnaître par sa qualité même, l'absolu de ta vocation.

Aime ton prochain quel que soit son horizon religieux ou idéologique.

Ne prends jamais ton parti du scandale de la séparation des chrétiens confessant tous si facilement l'amour du prochain, mais demeurant divisés. Aie la passion de l'unité du Corps du Christ.

dich durchdringe, genügt es nicht, sie einfach zu be-
trachten, du sollst dich entschlossen mit deinem ganzen
Wesen auf diesen Weg machen.

Sei unter den Menschen ein Zeichen der brüderlichen
Liebe und der Freude.

Öffne dich dem Menschlichen, und du wirst sehen,
wie alles eitle Verlangen nach Weltflucht vergeht. Steh
zu deiner Zeit, paß dich den Bedingungen des Augen-
blicks an. „Vater, ich bitte dich nicht, daß du sie von
der Welt nehmest, sondern daß du sie bewahrest vor
dem Bösen."[5]

Liebe die Enterbten – alle, die unter der Ungerech-
tigkeit der Menschen leiden und nach Gerechtigkeit
dürsten. Ihnen galt die besondere Aufmerksamkeit
Jesu; fürchte nicht, durch sie belästigt zu werden.

Bring deinen Eltern eine tiefe Liebe entgegen. Gerade
diese soll ihnen helfen, die Absolutheit deiner Berufung
zu erkennen.

Liebe deinen Nächsten, wo auch sein religiöser oder
ideologischer Standort sein mag.

Finde dich niemals ab mit dem Skandal der Spaltung
unter den Christen, die alle so leicht die Nächstenliebe
bekennen und doch getrennt bleiben. Habe die Leiden-
schaft für die Einheit des Leibes Christi!

15

La prière

De même que, pleins d'une grande joie, les disciples se tenaient dans le temple, te louant[6], je raconterai tes merveilles, car tu as changé mon deuil en allégresse, tu m'as ceint de joie afin que mon cœur chante tes louanges et ne se taise point[7].

La prière commune se situe dans la communion des saints. Mais pour réaliser cette communion avec les croyants de tous les temps, nous devons nous livrer à une intercession ardente pour les hommes et l'Eglise.

Le Seigneur pourrait se passer de notre intercession et de notre louange. Toutefois, c'est le mystère de Dieu qu'il réclame de nous, ses collaborateurs, de prier toujours, sans jamais se lasser[8].

Soyons attentifs à pénétrer le sens de l'action liturgique, cherchons à discerner sous des signes accessibles à notre être de chair, une réalité invisible de l'ordre du Royaume. Mais veillons aussi à ne pas multiplier ces signes et à leur garder la simplicité, gage de leur valeur évangélique.

Le vêtement liturgique est là pour nous rappeler que tout notre être a été revêtu par le Christ. Il est encore

Das Gebet

Gleichwie *die Jünger mit großer Freude allezeit im Tempel waren und dich priesen und lobten[6], will ich deine Wunder erzählen. Denn du hast meine Klage verwandelt in einen Reigen, du hast mich mit Freude gegürtet, auf daß dir lobsinge mein Herz und nicht stille werde[7].*

Das gemeinsame Gebet hat seinen Ort in der Gemeinschaft der Heiligen. Um aber diese Gemeinschaft mit den Glaubenden aller Zeiten wirklich werden zu lassen, sollen wir uns einer glühenden Fürbitte für die Menschen und die Kirche hingeben.

Der Herr ist nicht auf unsere Fürbitte und unser Lobsingen angewiesen. Es ist jedoch Gottes Geheimnis, daß er von uns, seinen Mitarbeitern, fordert, *allezeit zu beten und nicht nachzulassen[8]*.

Seien wir bestrebt, in den Sinn der gottesdienstlichen Handlung einzudringen. Suchen wir unter den Zeichen, die unserem geschöpflichen Wesen zugänglich sind, eine unsichtbare Wirklichkeit nach der Ordnung des Reiches Gottes zu erkennen. Aber wachen wir auch darüber, daß wir diese Zeichen nicht vervielfachen und

un moyen d'exprimer autrement que par la parole la louange du Seigneur.

La louange du Christ exprimée par la liturgie est efficace dans la mesure où elle se continue à travers les besognes les plus humbles. Dans la régularité de la prière commune, l'amour de Jésus germe en nous sans que nous sachions comment[9].

La prière commune ne nous dispense pas de la prière personnelle. L'une soutient l'autre. Chaque jour prenons un moment pour nous renouveler dans notre intimité avec Jésus-Christ.

Et puisqu'auprès du Christ nous sommes comblés de la bonne part[10], abandonnons-nous à la Parole vivante de Dieu, laissons-la atteindre les profondeurs intimes de notre être pour s'emparer non seulement de notre esprit, mais aussi de notre corps.

Le Christ, Parole faite chair, se donne à nous visiblement dans le Sacrement. Aussi nourris-toi au repas d'actions de grâces, l'eucharistie, et n'oublie pas qu'elle est offerte aux malades du peuple de Dieu. Elle est là pour toi qui toujours es faible et infirme.

Pendant la prière commune, il ne sert à rien de se crisper sur la difficulté des frères à se mettre à l'unisson. Toutefois notre abandon dans une vie cachée en Christ ne signifie ni paresse, ni accoutumance, il ne peut être que participation de tout notre être par l'intelligence et par le corps à l'œuvre de Dieu.

Si tu es inattentif, rentre dans la prière dès que tu re-

daß wir ihnen ihre Einfachheit bewahren, die Bürgschaft für ihren evangelischen Wert.

Das Gottesdienstgewand ist da, um uns daran zu erinnern, daß unser ganzes Sein von Christus überkleidet worden ist. Auch ist es ein Mittel, anders als durch das Wort das Lob des Herrn zum Ausdruck zu bringen.

Der Lobpreis Christi, wie er im Gottesdienst zum Ausdruck kommt, ist in dem Maße wirksam, als er sich auch in den bescheidensten Arbeiten fortsetzt. In der Regelmäßigkeit des gemeinsamen Gebets *keimt* die Liebe Jesu *in uns, wir wissen selbst nicht, wie*[9].

Das gemeinsame Gebet entbindet uns nicht vom persönlichen Beten. Eins trägt das andere. Nehmen wir uns jeden Tag einen Augenblick, um uns zu erneuern in unserer innigen Verbindung mit Jesus Christus.

Und da uns ja bei Christus das gute Teil reichlich zugemessen wird[10], wollen wir uns dem lebendigen Wort Gottes hingeben, es die verborgensten Tiefen unseres Wesens erreichen lassen, damit es Macht gewinne nicht allein über unseren Geist, sondern auch über unseren Körper.

Christus, das fleischgewordene Wort, gibt sich uns sichtbar im Sakrament. So nähre dich vom Mahl *der Danksagung*, der Eucharistie, und vergiß nicht, daß es den Kranken des Volkes Gottes angeboten ist. Es ist für dich da, der du immer schwach und hinfällig bist.

Es nützt nichts, sich beim gemeinsamen Gebet aufzuhalten über die Schwierigkeit der Brüder, miteinander in Einklang zu gelangen. Dennoch bedeutet un-

marques ta distraction, sans pour autant te lamenter ; si au sein de la prière même, tu éprouves ta faiblesse, tu possèdes cependant les arrhes de la victoire de Dieu.

Il y a des jours où pour toi la prière commune devient lourd. Sache alors offrir ton corps puisque ta présence signifie déjà ton désir, momentanément irréalisable, de louer ton Seigneur. Crois à la présence du Christ en toi, même si tu n'en éprouves aucune résonance sensible.

sere Hingabe in einem in Christus verborgenen Leben nicht Trägheit, nicht Gewohnheit; sie kann nur heißen: Teilnahme unseres ganzen Seins – mit Leib und Seele – am Werke Gottes.

Wenn du unaufmerksam bist, kehre in das Gebet zurück, sobald du deine Zerstreutheit bemerkst, ohne darüber zu jammern; wenn du mitten im Gebet deine Schwachheit erfährst, so besitzt du dennoch das Unterpfand des Sieges Gottes.

Es gibt Tage, wo für dich das gemeinsame Gebet schwer wird. Wisse dann deinen Leib darzubieten, da ja schon deine Anwesenheit ein Zeichen ist für dein im Augenblick nicht zu verwirklichendes Verlangen, deinen Herrn zu loben. Glaube an die Gegenwart Christi in dir, auch wenn du keine spürbare Resonanz davon feststellst.

Le repas

Chaque repas devrait être une agape où se réalise notre amour fraternel dans la joie et la simplicité de cœur[11].

Le moment de silence ménagé parfois aux repas apporte rafraîchissement à ta fatigue ou communion dans la prière pour le compagnon qui, avec toi, mange le même pain.

Die Mahlzeit

Jede Mahlzeit sollte eine Agape sein, wo sich unsere brüderliche Liebe verwirklicht *mit Freuden und einfältigem Herzen*[11].

Das Schweigen, das manchmal bei den Mahlzeiten eingehalten wird, bringt dir Erfrischung, wenn du müde bist, oder Gemeinschaft im Gebet für den Gefährten, der mit dir dasselbe Brot ißt.

Le conseil

Le but du conseil est de rechercher toute la lumière possible sur la volonté du Christ pour la marche de la communauté. La première démarche est donc de faire silence en soi pour se disposer à écouter son Seigneur.

Rien alors n'est plus nuisible au jugement objectif que les liens des affinités particulières, car nous risquons d'approuver tel frère, espérant peut-être inconsciemment nous attirer en retour son appui occasionnel. Rien n'est plus contraire à l'esprit du conseil qu'une recherche non purifiée par le seul désir de discerner le dessein de Dieu.

S'il est un moment où tu dois rechercher la paix et la poursuivre [12], fuir les contestations et la tentation d'avoir raison, c'est bien au conseil.

Évite le ton sans réplique, les catégoriques « il faut ». N'échafaude pas de bons arguments pour te faire entendre ; expose, en peu de mots, ce qui t'apparaît comme le plus conforme au plan de Dieu sans imaginer que tu puisses l'imposer.

Pour ne pas favoriser l'esprit de surenchère, le prieur a charge devant son Seigneur de prendre la décision,

Der Bruderrat

Ziel des Bruderrates ist es, so klar wie möglich den Willen Christi für den Weg der Communauté zu erkennen. Der erste Schritt ist daher, in sich Stille zu schaffen, damit man bereit wird, auf seinen Herrn zu hören.

Nichts schadet einem objektiven Urteil mehr, als die Bande besonderer persönlicher Beziehungen; durch sie laufen wir Gefahr, daß wir einem bestimmten Bruder zustimmen in der Hoffnung – vielleicht unbewußt –, dafür bei Gelegenheit seine Unterstützung zu gewinnen. Nichts ist dem rechten Geist der Beratung mehr zuwider als ein Trachten, das nicht geläutert ist durch den einzigen Wunsch, den Plan Gottes zu erkennen.

Wenn es irgendwann gilt, *Frieden zu suchen und ihm nachzujagen*[12], Streit zu vermeiden und die Versuchung, recht haben zu wollen – dann sicher im Bruderrat.

Meide den Ton, der keinen Widerspruch duldet, das kategorische „man muß". Trage nicht viele gute Argumente zusammen, um dir Gehör zu verschaffen; lege in wenigen Worten dar, was dir am ehesten dem Plan

sans être lié par une majorité. Dégagé des pressions humaines, il écoute le plus timide avec la même attention que le frère plein d'assurance. S'il se rend compte du manque d'entente profonde sur une question importante, qu'il réserve son jugement et prenne, afin d'avancer, une décision provisoire, quitte à y revenir par la suite ; car l'immobilité est une désobéissance pour les frères en marche vers le Christ. Le prieur connaît mieux les capacités de chacun ; s'il s'agit de donner une responsabilité à un frère, il le propose en premier.

Le conseil est formé des frères ayant fait profession, les frères absents sont consultés par le prieur ou celui qu'il en charge.

Gottes zu entsprechen scheint, ohne dir einzubilden, daß du es erzwingen könntest.

Damit nicht ein Geist des gegenseitigen Sich-Überbietens gefördert wird, hat der Prior vor seinem Herrn den Auftrag, die Entscheidung zu fällen, ohne daß er dabei an eine Mehrheit gebunden wäre. Frei von menschlichem Druck hört er auf den Schüchternsten mit der gleichen Aufmerksamkeit wie auf den Bruder, der voll Selbstvertrauen ist. Wenn ihm klar wird, daß in einer wichtigen Frage eine tiefgehende Übereinstimmung fehlt, so soll er sein Urteil zurückstellen und, damit die Communauté nicht stehenbleibt, eine vorläufige Entscheidung treffen; er ist dann frei, später darauf zurückzukommen. Denn für die Brüder, die unterwegs sind auf Christus zu, ist Stillstand Ungehorsam. Der Prior kennt am besten die Fähigkeiten jedes einzelnen; er macht den ersten Vorschlag, wenn es darum geht, einem Bruder eine Verantwortung zu übertragen.

Der Bruderrat besteht aus den Brüdern, die die Profeß abgelegt haben; die abwesenden Brüder werden durch den Prior um ihre Meinung gefragt oder durch den Bruder, den er damit beauftragt.

L'harmonie

La vie d'une communauté ne va pas sans un minimum d'harmonie.

Ainsi n'y a-t-il pas d'excuse à gêner ses frères par ses retards. Considère, dans tes négligences, ton manque de ferveur.

Quand une raison majeure entraînerait ton absence, vois avec le frère prieur si tu peux ne pas assister à un acte de communauté, et ne t'explique pas par un intermédiaire. De même, ne t'en va pas de la maison sans lui en parler. Si tu es en mission, fais de même avec le responsable.

Ne sois jamais un obstacle par ton manque d'empressement à rejoindre des frères avec lesquels tu t'es engagé totalement, de corps et d'esprit.

Das Zusammenleben

Ein Zusammenleben in einer Communauté ist nicht möglich ohne ein Minimum an Harmonie.

Daher gibt es keine Entschuldigung, seine Brüder durch Zuspätkommen zu stören. Erkenne in deinen Nachlässigkeiten deinen Mangel an Eifer.

Wenn ein wichtiger Anlaß dazu führen könnte, daß du einen Akt der Communauté versäumst, so besprich vorher mit dem Bruder Prior, ob er damit einverstanden ist, und erkläre dich nicht durch einen Dritten. Ebenso geh nicht vom Hause weg, ohne ihm Bescheid zu sagen. Als ausgesandter Bruder halte es genauso mit dem Verantwortlichen.

Sei niemals ein Hindernis dadurch, daß du es an Eifer fehlen läßt, wieder zu den Brüdern zu kommen, mit denen zusammen du dich total engagiert hast, mit Leib und Seele.

Que dans ta journée labeur et repos soient vivifiés par la parole de Dieu

Dans ta vie de prière et de méditation recherche la parole que Dieu t'adresse pour la mettre aussitôt en pratique. Lis alors peu, mais attarde-toi.

Pour que ta prière soit vraie, tu dois être aux prises avec la dureté du travail. Si tu demeurais dans un abandon de dilettante, tu serais incapable de vraiment intercéder. Ta prière devient totale quand elle fait corps avec ton labeur.

Tends vers une grande continuité de travail aux heures fixées, respecte l'horaire des frères et ne t'autorise pas à les déranger par tes visites.

A chaque heure la prière, le travail ou le repos convenables, mais le tout en Dieu.

Ne te compare pas aux autres frères dans l'exercice de ton travail. Sache garder, dans la simplicité, ta place toujours nécessaire au témoignage de tout le corps.

Laß in deinem Tag Arbeit und Ruhe
von Gottes Wort ihr Leben empfangen

In deinem Beten und Meditieren suche nach dem Wort, das Gott an dich richtet, um es gleich auszuführen. Lies also wenig, aber verweile.

Damit dein Gebet wahrhaftig sei, mußt du in harter Arbeit stehen. Begnügtest du dich mit dilettantischer Lässigkeit, so wärest du unfähig, wirklich Fürbitte zu tun. Dein Gebet findet zur Ganzheit, wenn es eins ist mit deiner Arbeit.

Trachte nach stetiger Arbeit zu den festgesetzten Stunden; achte den Zeitplan der Brüder, und nimm dir nicht das Recht, sie durch deine Besuche zu stören.

Gebet, Arbeit und Ruhe, jedes zu seiner Zeit, alles aber in Gott.

Bei deiner täglichen Arbeit vergleiche dich nicht mit den anderen Brüdern. Suche in aller Schlichtheit deinen Dienst zu versehen, der stets nötig ist für das Zeugnis des Ganzen.

Maintiens en tout le silence intérieur pour demeurer en Christ

Le silence intérieur réclame d'abord l'oubli de soi pour apaiser les voix discordantes et maîtriser le souci obsédant, dans le continuel recommencement d'un homme jamais découragé parce que toujours pardonné. Il rend possible notre conversation avec Jésus-Christ.

Mais qui ne redoute ce silence, et ne préfère se divertir à l'heure du travail, fuir la prière pour se fatiguer à de vaines besognes, oubliant le prochain et lui-même ?

Ton dialogue avec Jésus-Christ réclame ce silence ; si tu ne lui remets pas tout constamment, si tu ne lui parles pas avec une simplicité d'enfant, comment alors remettre de l'ordre en toi quand par nature tu es inquiet ou satisfait ?

Tu crains que le silence intérieur maintienne en toi une question irrésolue ? Note alors le sujet de ton trouble ou de ton ressentiment pour trouver plus tard la solution.

Il est des moments où culmine le silence de Dieu dans ses créatures. Dans la solitude de la retraite, la rencontre d'intimité avec le Christ nous renouvelle. Il faudra donc réserver ces moments nécessaires.

Wahre in allem die innere Stille,
um in Christus zu bleiben

Die innere Stille erfordert zunächst, daß man sich von sich selbst losgesagt hat, um die wirren Stimmen zu beruhigen und des Druckes der Sorgen Herr zu werden – in dem steten Neuanfang eines Menschen, der niemals entmutigt ist, weil ihm immer vergeben wird. Sie macht unser Gespräch mit Jesus Christus möglich.

Aber wer fürchtet nicht diese Stille und zieht es nicht vor, sich zur Stunde der Arbeit zu zerstreuen oder das Gebet zu fliehen, um sich durch eitle Geschäftigkeit zu ermüden, dabei den Nächsten vergessend und sich selbst?

Zu deinem Zwiegespräch mit Jesus Christus bedarf es dieser Stille; wenn du ihm nicht ständig alles anvertraust, wenn du zu ihm nicht sprichst mit der Einfalt eines Kindes, wie willst du dann in dir die Ordnung wiederherstellen, wo du von Natur unruhig bist oder selbstzufrieden?

Du fürchtest, es könnte bei dem Versuch, innerlich zu schweigen, in dir eine Frage ungelöst bleiben? Merk dir dann den Grund deiner Unruhe oder deines unguten Gefühls, um später die Lösung zu finden.

Le calme est une nécessité par amour pour les frères qui prient, lisent, écrivent ou, le soir, se reposent.

La discrétion dans l'expression de la parole et dans le mouvement n'a jamais empêché le contact humain ; seul le silence muet risquerait d'opérer cette rupture. Il ne nous est pas demandé, parce qu'il n'entraîne pas de lui-même le véritable esprit de silence intérieur.

Es gibt Zeiten, da die Stille Gottes in seinen Geschöpfen den höchsten Grad erreicht. In der Einsamkeit der Retraite erneuert uns die innige Begegnung und Verbindung mit Christus. Diese unentbehrlichen Zeiten müssen also ausgespart werden.

Ruhig sein ist nötig aus Liebe zu den Brüdern, die beten, lesen, schreiben oder am Abend ausruhen.

Zurückhaltung in Wort und Gebärde hat noch niemals menschlichen Kontakt verhindert; nur das stumme Schweigen könnte leicht einen solchen Bruch herbeiführen. Es wird von uns nicht verlangt, weil es nicht von selbst die wahre innere Stille mit sich bringt.

Joie

Dans la communion des saints, jour après jour nous chantons les compassions renouvelées du Seigneur[13], et sa miséricorde active notre ferveur.

La vraie joie est d'abord intérieure.

Jamais la bouffonnerie n'a renouvelé la joie. Rappelons-nous que la limite est imprécise entre l'humour franc et l'ironie qui fait grimacer le sourire. La moquerie, ce poison d'une vie commune, est perfide parce qu'à travers elle sont lancées des soi-disant vérités que l'on n'ose pas se dire dans le tête-à-tête. Elle est lâche parce qu'elle ruine la personne d'un frère devant les autres.

La joie parfaite est dans le dépouillement d'un amour paisible. Cette joie n'a pas trop de tout ton être pour éclater.

Ne crains pas de communier aux épreuves d'autrui, n'aie pas peur de la souffrance, car c'est bien souvent au fond de l'abîme qu'est donnée la perfection de joie dans la communion de Jésus-Christ.

La joie parfaite se donne. Celui qui la connaît ne cherche ni gratitude, ni bienveillance. Elle est émer-

Freude

In der Gemeinschaft der Heiligen singen wir Tag für Tag vom immer neuen Erbarmen des Herrn[13], und seine Barmherzigkeit belebt unseren Eifer.

Die wahre Freude ist zuerst inwendig.

Niemals haben Possen die Freude erneuert. Denken wir daran, daß es keine scharfe Grenze gibt zwischen einem freimütigen Humor und der Ironie, die das Lächeln zur Grimasse macht. Das Spötteln, dieses Gift im Leben einer Gemeinschaft, ist hinterhältig, weil dadurch angebliche Wahrheiten in Umlauf gebracht werden, die man sich unter vier Augen nicht zu sagen wagt. Es ist gemein, weil es die Person eines Bruders vor den anderen ruiniert.

Die vollkommene Freude liegt in der Entsagung aus stiller Liebe. Diese Freude braucht dein ganzes Wesen, wenn sie strahlend hervorbrechen soll.

Scheue dich nicht, teilzuhaben an den Prüfungen des anderen. Hab keine Angst vor dem Leiden; denn oft wird gerade in der Tiefe des Abgrunds die Vollendung der Freude in der Gemeinschaft mit Jesus Christus geschenkt.

veillement renouvelé face à la gratuité de Celui qui accorde abondance de biens spirituels et terrestres. Elle est reconnaissance. Elle est action de grâces.

Die vollkommene Freude verschenkt sich. Wer sie kennt, sucht weder Dank noch Gunst. Sie ist immer neues Staunen angesichts dessen, der ohne Entgelt geistliche und irdische Gaben im Überfluß austeilt. Sie ist Dankbarkeit. Sie ist Danksagung.

Simplicité

Ta disponibilité implique une simplification continue de ton existence, non par contrainte, mais par la foi.

Fuis les sinuosités à travers lesquelles le tentateur te cherche. Rejette les fardeaux inutiles pour mieux porter au Christ ton Seigneur ceux des hommes, tes frères.

Dans la transparence de l'amour fraternel, reconnais simplement tes faux-pas, mais n'en prends pas prétexte pour discerner ceux des autres. Où qu'ils se trouvent, les frères pratiquent entre eux le partage bref et fréquent.

La simplicité est aussi loyauté envers soi-même pour parvenir à la limpidité. Elle est un chemin d'ouverture envers le prochain.

Elle est dans la joie libre du frère qui renonce à l'obsession de ses progrès ou reculs, pour fixer ses regards sur la lumière du Christ.

Einfalt

Deine Verfügbarkeit setzt voraus, daß du ständig deine ganze Existenz vereinfachst, nicht durch Zwang, sondern im Glauben.

Meide die gewundenen Wege, auf denen der Versucher dich sucht. Wirf die unnützen Lasten ab, damit du besser die Bürden der Menschen, deiner Brüder, zu Christus, deinem Herrn, tragen kannst.

In der Transparenz der brüderlichen Liebe gestehe schlicht deine Fehler ein; nimm sie aber nicht zum Vorwand, um die der anderen herauszufinden. Wo die Brüder auch sind, pflegen sie untereinander den kurzen und häufigen Austausch.

Einfalt heißt auch Loyalität gegen sich selbst, um zur Klarheit zu gelangen; sie ist ein Weg, offen zu werden für den Nächsten.

Sie ist da in der gelösten Freude des Bruders, der das quälerische Sorgen um seine Fortschritte und Rückschläge aufgibt, um seinen Blick unverwandt auf das Licht Christi zu richten.

Miséricorde

Comme la paix avec le Christ implique la paix avec ton prochain, réconcilie-toi, répare ce qui peut l'être.

Pardonne à ton frère jusqu'à soixante-dix fois sept fois[14].

Crains-tu de flatter l'orgueil d'un frère en oubliant son offense : exhorte-le alors, mais toujours seul à seul et avec la douceur du Christ. Si, pour préserver ton besoin d'influence ou de popularité auprès de certains frères, tu t'abstiens d'exhorter, tu es dans la communauté une cause de chute.

Prépare-toi à toute heure à pardonner. N'oublie pas que l'amour s'exprime aussi dans les égards réciproques. Pas de douceur mièvre, mais pas non plus de paroles dures. Considère dans tes impatiences de langage la douleur faite au Christ.

Refuse de t'abandonner aux antipathies. Elles risquent de s'entretenir quand, à cause du grand nombre de frères, tu ne peux être à découvert avec tous. Ton penchant naturel peut te pousser à avoir au premier abord un préjugé défavorable, à juger ton prochain sous son mauvais jour, à te réjouir des fautes discernées en un frère. Laisse-toi plutôt gagner par une surabondance d'amitié pour tous.

Barmherzigkeit

Weil der Frieden mit Christus den Frieden mit deinem Nächsten einschließt, versöhne dich, mach wieder gut, was gutzumachen ist.

Vergib deinem Bruder *bis zu siebenzigmal sieben-mal*[14].

Fürchtest du, einen Bruder in seinem falschen Selbstbewußtsein zu bestärken, indem du einfach vergißt, daß er unrecht gehandelt hat, dann halte ihm dies vor, aber immer zwischen dir und ihm allein und mit der Sanftmut Christi. Wenn du die Ermahnung unterläßt, um deinen Einfluß oder deine Beliebtheit bei bestimmten Brüdern zu erhalten, dann bist du in der Communauté ein Anstoß zur Sünde.

Sei jederzeit bereit zu vergeben. Vergiß nicht, daß die Liebe sich auch in der gegenseitigen Rücksichtnahme zeigt. Keine süßliche Weichheit, aber auch keine harten Worte! Bedenke, wenn du in gereiztem Ton redest, den Schmerz, den du damit Christus zufügst.

Laß dich nicht durch Antipathien bestimmen. Sie können leicht bestehenbleiben, wenn du wegen der großen Zahl der Brüder nicht mit allen in enger Verbindung stehen kannst. Deine natürliche Neigung kann dich dazu verleiten, gleich zu Anfang ein Vorurteil zu

Fuis les mesquines controverses entre frères ; rien ne divise autant que les continuelles discussions pour tout et pour rien. Sache au besoin les arrêter. Refuse-toi à écouter des insinuations sur tel ou tel frère. Sois ferment d'unité.

Si tu as des doutes sur l'attitude d'un frère et que tu ne puisses les lui exprimer ou ne sois pas écouté de lui, confie-les au prieur qui verra avec toi comment agir et aider ce frère. S'il refuse de vous écouter, parlez-en à la communauté [15].

A cause de la faiblesse de ta chair, le Christ te donne des marques visibles et répétées de son pardon. L'absolution te rend à la joie du salut [16]. Encore faut-il que tu la recherches. Le péché d'un membre marque tout le corps, mais le pardon de Dieu réintègre le pécheur dans la communauté. La confession se fait au seul et même frère, choisi avec le prieur.

Celui qui vit dans la miséricorde ne connaît ni susceptibilité, ni déception. Il se donne simplement en s'oubliant lui-même, joyeusement avec toute sa ferveur, gratuitement sans rien attendre en retour.

haben, deinen Nächsten nach seinem schlechten Tag zu beurteilen, dich zu freuen über Fehler, die du an einem Bruder erkannt hast. Laß dich vielmehr ergreifen von einer Überfülle von Freundschaft zu allen.

Meide die kleinlichen Streitereien zwischen Brüdern; nichts entzweit so sehr wie die dauernden Diskussionen um alles und nichts. Gegebenenfalls mußt du sie abbrechen können. Lehne es ab, Andeutungen über diesen oder jenen Bruder anzuhören. Sei Ferment der Einheit!

Wenn du Bedenken hast wegen des Verhaltens eines Bruders, sie ihm gegenüber aber nicht äußern kannst oder von ihm nicht angehört wirst, vertraue sie dem Prior an, der mit dir überlegen wird, was zu tun und wie jenem Bruder zu helfen ist. *Hört er euch nicht, so sagt es der Communauté* [15].

Um der Schwachheit deines Fleisches willen gibt dir Christus sichtbare und wiederholte Zeichen seiner Vergebung. Die Absolution schenkt dir aufs neue die Freude am Heil [16]. Darum suche sie. Die Sünde eines Gliedes zeichnet den ganzen Körper; aber das Erbarmen Gottes fügt den Sünder wieder ganz in die Gemeinschaft ein. Die Beichte wird bei ein und demselben Bruder abgelegt, der zusammen mit dem Prior ausgesucht ist.

Wer in der Barmherzigkeit lebt, kennt nicht Empfindlichkeit, nicht Enttäuschung. Er verschenkt sich einfach, sich selbst vergessend, freudig mit der ganzen Glut seines Herzens, frei – ohne eine Gegenleistung zu erwarten.

Célibat

Si le célibat apporte une plus grande disponibilité pour s'occuper des choses de Dieu[17], il ne peut être accepté que pour se donner davantage au prochain avec l'amour même du Christ.

Notre célibat ne signifie ni rupture des affections humaines, ni indifférence, mais il appelle la transfiguration de notre amour naturel. Seul le Christ opère la conversion des passions en amour total pour le prochain. Quand l'égoïsme n'est pas dépassé par une générosité croissante, quand tu n'uses plus de la confession pour déjouer le besoin de te retrouver toi-même, contenu en toute passion, quand le cœur n'est pas constamment rempli d'un immense amour, tu ne peux plus laisser le Christ aimer en toi et ton célibat te devient pesant.

Cette œuvre du Christ en toi réclame infiniment de patience.

La limpidité du cœur est contraire à toutes les tendances de la nature.

L'impureté, même imaginative, laisse des traces psychologiques qui ne sont pas toujours abolies sur-le-champ par la confession et l'absolution. Ce qui importe alors, c'est de vivre dans le continuel recommencement du chrétien jamais abattu parce que toujours pardonné.

Zölibat

Wenn das Zölibat eine größere Verfügbarkeit dafür schafft, für Gottes Sache zu sorgen[17], kann man es nur annehmen, um sich noch mehr dem Nächsten hinzugeben mit der Liebe Christi selbst.

Unser Zölibat bedeutet weder Unterdrückung menschlicher Zuneigung noch Indifferenz, sondern es beruft uns zur Wandlung unserer natürlichen Liebe. Christus allein bewirkt die Verwandlung der Leidenschaften in völliger Liebe zum Nächsten. Wenn der Egoismus nicht von einer wachsenden Großmut übertroffen wird, wenn du nicht mehr von der Beichte Gebrauch machst, um dem Bedürfnis zu wehren, dich selbst bestätigt zu finden – wie es in jeder Leidenschaft steckt –, wenn dein Herz nicht dauernd erfüllt ist von einer unermeßlichen Liebe, dann kannst du nicht mehr Christus in dir lieben lassen, und dein Zölibat wird dir zur drückenden Last.

Dies Werk Christi in dir verlangt unendlich viel Geduld.

Die Klarheit des Herzens ist allen natürlichen Neigungen entgegen.

Die Unreinheit, auch die der Gedanken, hinterläßt psychische Spuren, die nicht immer gleich von Beichte

La limpidité du cœur est en rapport étroit avec la transparence. Pas d'étalage de tes difficultés, mais pas non plus de fermeture comme si tu étais un surhomme exempt de combats.

Refuse toute complaisance à la vulgarité. Certaines plaisanteries avivent les difficultés des frères qui luttent pour se maintenir dans la limpidité du cœur.

Il y a un laisser-aller qui voilerait le sens vrai de l'engagement difficile mais joyeux à la chasteté. Sache que ton comportement et ta tenue sont des signes, dont la négligence peut entraver notre marche commune.

La limpidité de cœur ne se vit que dans l'oubli spontané et joyeux de soi afin de donner sa vie pour ceux qu'on aime[18]. Et ce don de soi suppose l'acceptation d'une sensibilité souvent meurtrie.

Il n'y a pas d'amitié sans souffrance purificatrice.

Il n'y a pas d'amour du prochain sans la croix. La croix seule donne de connaître l'insondable profondeur de l'amour.

48

und Absolution getilgt werden. Es geht also darum, in einem steten Neubeginn zu leben – wie eben der Christ, der niemals mutlos wird, weil er immer Vergebung findet.

Die Klarheit des Herzens hängt eng zusammen mit der Transparenz. Kein Zurschaustellen deiner Schwierigkeiten, aber auch kein Sich-Verschließen, als wärest du ein Übermensch, aller Kämpfe enthoben.

Weise von dir jeden Gefallen an Vulgärem. Bestimmte Scherze lassen bei Brüdern, die zu kämpfen haben, um sich in der Klarheit des Herzens zu erhalten, die Schwierigkeiten neu aufleben.

Ein gewisses Sich-gehen-Lassen verschleiert den wahren Sinn des vollen persönlichen Einsatzes zum Leben in der Keuschheit, der schwer ist, aber von der Freude getragen. Du sollst wissen, daß dein Verhalten und deine Haltung ein Zeichen sind, dessen Vernachlässigung uns hemmen kann auf dem gemeinsamen Weg.

Die Klarheit des Herzens kann nur gelebt werden in dem spontanen und fröhlichen Lossagen von sich selbst, um *sein Leben hinzugeben für die, die man liebt*[18]. Und diese Selbsthingabe setzt voraus, daß man es hinnimmt, in seinem Empfinden oft verletzt zu werden.

Es gibt keine Freundschaft ohne reinigendes Leiden.

Es gibt keine Nächstenliebe ohne das Kreuz. Das Kreuz allein läßt uns erkennen, wie unergründlich tief die Liebe ist.

Communauté des biens

La mise en commun des biens est totale.

L'audace d'utiliser au mieux tous les biens d'aujourd'hui, de ne s'assurer aucun capital sans peur de la pauvreté possible, donne une force incalculable.

Mais si, comme Israël, tu réserves pour le lendemain le pain venu du ciel[19], si tu élabores des projets d'avenir, tu risques de surtendre en vain les frères dont la vocation est de vivre dans le moment présent.

La pauvreté n'a pas de vertu en elle-même.

Le pauvre de l'Evangile apprend à vivre sans assurance du lendemain, dans la joyeuse confiance qu'à tout il sera pourvu.

L'esprit de pauvreté ne consiste pas à faire misérable, mais à tout disposer dans la beauté simple de la création.

L'esprit de pauvreté est de vivre dans l'allégresse de l'aujourd'hui. S'il y a gratuité pour Dieu à dispenser les biens de la terre, il y a grâce pour l'homme à donner ce qu'il a reçu.

Gütergemeinschaft

Die Gütergemeinschaft ist total.

Die Kühnheit, alles, was heute da ist, aufs beste zu nutzen, sich keinerlei Kapital zu sichern – ohne Furcht vor möglicher Armut –, gibt eine unberechenbare Kraft.

Wenn du dagegen wie Israel das Brot, das vom Himmel gekommen ist, für morgen zurücklegst[19], wenn du Zukunftspläne ausarbeitest, dann bist du in der Gefahr, die Brüder unnütz zu überfordern, deren Berufung es doch ist, im jetzigen Augenblick zu leben.

Die Armut an sich ist keine Tugend.

Der Arme nach dem Evangelium lernt es, zu leben ohne Sicherung für den morgigen Tag, in dem fröhlichen Vertrauen, daß für alles gesorgt sein wird.

Der Geist der Armut besteht nicht darin, sich armselig zu geben, sondern darin, alles so zu halten, wie es der schlichten Schönheit der Schöpfung entspricht.

Der Geist der Armut ist Leben in der hellen Freude am Heute.

Wenn Gott die Güter der Erde umsonst austeilt, ist es Gnade für den Menschen, zu geben, was er empfangen hat.

Le prieur

Sans unité, il n'y a pas d'espoir d'un service audacieux et total de Jésus-Christ. L'individualisme désagrège et arrête la communauté dans sa marche.

Le prieur suscite l'unité dans la communauté.

Dans les questions de détails pratiques, il indique la voie, mais dans toute question importante, il écoute le conseil avant de prendre la décision.

Que les frères restent spontanés avec lui ; mais se rappelant que le Seigneur lui a confié une charge, qu'ils soient attentifs à ce qui concerne son ministère.

Par leur confiance, les frères le renouvellent dans le sérieux de sa vocation pour la joie de tous ; par leur esprit de petites revendications, ils immobilisent son ministère.

Que chaque frère s'ouvre, en particulier, pour lui dire ses craintes. La révolte exprimée devant d'autres ne peut que contaminer. Le tentateur a là ses meilleures armes pour diviser ce qui doit être uni. Méfions-nous des réactions infantiles qui accusent alors qu'il conviendrait d'abord de s'accuser soi-même.

L'esprit de perfection, s'il consiste à imposer son

Der Prior

Ohne Einheit besteht keine Hoffnung auf kühne und totale Hingabe im Dienste Jesu Christi. Der Individualismus zersetzt die Communauté und hält sie auf ihrem Weg auf.

Der Prior führt die Einheit in der Communauté herbei.

In den untergeordneten praktischen Fragen weist er den Weg; aber in jeder wichtigen Frage hört er den Bruderrat, bevor er die Entscheidung trifft.

Die Brüder sollen ihm gegenüber spontan bleiben; aber im Gedanken daran, daß Gott ihm ein Amt anvertraut hat, sollen sie aufmerksam dessen achten, was seinen Dienst betrifft.

Durch ihr Vertrauen erneuern ihn die Brüder im ganzen Ernst seiner Berufung – zur Freude aller; durch eine kleinlich fordernde Haltung lähmen sie ihn in seinem Dienst.

Jeder Bruder soll sich ihm persönlich anvertrauen, um ihm seine Bedenken zu sagen. Auflehnung, vor anderen gezeigt, kann nur ansteckend wirken. Der Versucher hat da seine stärksten Waffen, um zu trennen, was

point de vue comme étant le meilleur, est une plaie dans la communauté. La perfection est précisément de supporter les imperfections du prochain, et ceci par amour.

Le prieur reste soumis aux mêmes faiblesses que ses frères. Si ceux-ci l'aiment pour ses qualités humaines, ils risquent de ne plus l'accepter dans sa charge quand ils discernent son péché.

Le prieur désigne un assistant pour le soutenir et assurer une continuité après lui.

Prendre les décisions est une charge redoutable pour le prieur.

Qu'il veille à ne pas asservir, mais à édifier tout le corps dans le Christ.

Qu'il recherche les dons particuliers à chaque frère pour les lui faire découvrir.

Qu'il ne considère pas sa charge comme supérieure mais ne l'assume pas non plus avec fausse humilité, se rappelant uniquement qu'elle lui a été confiée par le Christ auquel il devra en rendre compte.

Qu'il brise en lui tout autoritarisme, mais soit sans faiblesse pour maintenir ses frères dans le plan de Dieu. Qu'il ne laisse pas les autoritaires s'imposer et qu'il rende confiance aux faibles.

Qu'il s'arme de miséricorde et la demande au Christ comme la grâce pour lui la plus essentielle.

eins sein soll. Hüten wir uns vor den kindlichen Reaktionen, die uns andere anklagen lassen, wo es zunächst darum ginge, sich selbst anzuklagen.

Wenn das Streben nach Vollkommenheit darin besteht, den eigenen Standpunkt vorschreiben zu wollen, als sei er der beste, ist es eine Plage in der Communauté. Die Vollkommenheit liegt gerade im Ertragen der Unvollkommenheit des Nächsten – und dies aus Liebe.

Der Prior unterliegt derselben Schwachheit wie seine Brüder. Lieben diese ihn um seiner menschlichen Eigenschaften willen, so laufen sie Gefahr, ihn nicht mehr in seinem Amt anzuerkennen, wenn sie seine Sünde entdecken.

Der Prior bestimmt einen Assistenten, der ihn unterstützen und nach ihm die Kontinuität sichern soll.

Die Entscheidungen zu treffen ist eine verantwortungsschwere Aufgabe für den Prior.

Er achte darauf, daß er nicht unterjoche, sondern den ganzen Leib in Christus auferbaue.

Er suche nach den besonderen Gaben in jedem Bruder und helfe ihm, sie zu entdecken.

Er betrachte sein Amt nicht als etwas Höheres, nehme es aber auch nicht auf sich mit einer falschen Bescheidenheit; er bedenke einzig und allein, daß es ihm von Christus anvertraut ist, dem er dafür einmal Rechenschaft zu geben hat.

Er breche in sich jeden Autoritarismus, sei aber ohne Schwäche, um seine Brüder in Gottes Plan zu erhalten.

Er lasse nicht zu, daß die Autoritären sich aufdrängen, und schenke den Schwachen Vertrauen.

Er wappne sich mit Barmherzigkeit und erbitte sie von Christus als die Gnadengabe, die für ihn am wesentlichsten ist.

Les frères en mission

Comme les disciples envoyés deux à deux[20], les frères en mission sont des témoins du Christ. Qu'ils soient un signe de sa présence parmi tous les hommes et porteurs de la joie.

Toujours et partout, ils représentent la communauté ; le témoignage de tous est engagé par leur attitude. Ils tiennent régulièrement le prieur au courant de leur vie. Qu'ils ne s'enhardissent pas dans une entreprise nouvelle sans son accord, car il a charge de consulter le conseil. Si les frères en mission ne veillent pas à cet étroit contact, bien vite ils brisent l'unité du corps.

S'ils sont deux ou plusieurs, le prieur peut désigner un responsable.

La vie spirituelle est celle de la communauté avec une adaptation examinée en conseil.

Die ausgesandten Brüder

Wie der Jünger, ausgesandt je zwei und zwei[20], sind die ausgesandten Brüder Zeugen Christi. Sie sollen ein Zeichen seiner Gegenwart unter allen Menschen sein und Träger der Freude.

Immer und überall stehen sie für die Communauté; ihr Verhalten ist verbindlich für das Zeugnis aller. Sie halten regelmäßig den Prior auf dem laufenden über ihr Leben. Sie sollen sich in kein neues Unternehmen wagen ohne seine Zustimmung; denn er ist beauftragt, den Bruderrat zu befragen. Wenn die ausgesandten Brüder diesen engen Kontakt nicht wahren, zerstören sie sehr bald die Einheit des Ganzen.

Sind sie zu zweit oder mehr, kann der Prior einen Verantwortlichen bestimmen.

Das geistliche Leben ist das der Communauté unter einer entsprechenden Anpassung, die im Bruderrat geprüft wird.

Les nouveaux frères

Pour être formé à l'école du Christ, le nouveau frère a besoin d'une solide préparation biblique et humaine.

Qu'il se garde de l'illusion d'être arrivé. Même s'il assimile rapidement, il faut du temps pour comprendre la vocation dans ses conséquences extrêmes.

Tant que nous ne sommes pas connus des nouveaux frères, nous sommes tentés de les accaparer pour nous-mêmes. Rappelons-nous qu'un frère est désigné pour leur préparation.

Au conseil, il est bon de chercher comment faire avancer les nouveaux frères dans l'amour de Jésus-Christ.

Le nouveau frère est admis à la profession au terme d'une solide préparation, après consultation des frères par le prieur.

Die neuen Brüder

Um in der Schule Christi Gestalt zu gewinnen, bedarf der neue Bruder einer soliden biblischen und menschlichen Vorbereitung.

Er soll sich vor der Illusion hüten, schon am Ziel zu sein. Auch wenn er sich schnell anpaßt, braucht es seine Zeit, um die Berufung in ihren letzten Konsequenzen zu begreifen.

Solange uns die neuen Brüder nicht näher kennen, sind wir versucht, sie für uns selbst in Beschlag zu nehmen. Denken wir daran, daß ein Bruder bestimmt ist für ihre Vorbereitung.

Beim Bruderrat ist es gut, nach Wegen zu suchen, wie die neuen Brüder in der Liebe Christi vorankommen können.

Der neue Bruder wird nach sorgfältiger Vorbereitung und nach Befragung der Brüder durch den Prior zur Profeß zugelassen.

Les hôtes

Dans un hôte, c'est le Christ lui-même que nous avons à recevoir. Apprenons à accueillir, acceptons d'offrir nos loisirs ; que l'hospitalité soit large et exercée avec discernement.

A table, que les frères soient attentifs à la présence d'un hôte, qu'ils veillent à ne pas le désorienter.

N'accapare jamais un hôte. Certains frères sont désignés pour s'occuper des hôtes ; ils s'en chargeront alors que les autres frères accompliront leur travail ; cela pour éviter le dilettantisme qui nous menace et qui n'édifie ni les hôtes ni les frères.

Die Gäste

Es ist Christus selbst, den wir in einem Gast aufzunehmen haben. Wir wollen lernen, gastlich zu empfangen, und bereit sein, unsere freie Zeit hinzugeben; die Gastfreundschaft soll großzügig sein und geübt werden mit der Fähigkeit, zu unterscheiden.

Bei Tisch sollen die Brüder auf die Anwesenheit eines Gastes achten und darauf bedacht sein, daß er nicht verwirrt wird.

Nimm niemals einen Gast für dich in Beschlag. Einige Brüder sind dazu bestimmt, für die Gäste dazusein; sie unterziehen sich dieser Aufgabe, während die anderen Brüder ihre Arbeit verrichten. Das geschieht, um jeden Dilettantismus zu vermeiden, der weder den Gästen noch den Brüdern guttut.

Conclusion

Il y a danger à n'avoir indiqué dans la présente règle que l'essentiel permettant la vie commune. Mieux vaut courir ce risque et ne pas se confiner dans la satisfaction et la routine.

Si cette règle devait être regardée comme un aboutissement, et nous dispenser de rechercher toujours plus le dessein de Dieu, la charité du Christ, la lumière du Saint-Esprit, ce serait alors nous charger d'un fardeau inutile ; mieux vaudrait ne l'avoir jamais écrite.

Pour que le Christ croisse en moi, je dois connaître et ma faiblesse et celle des hommes mes frères. Pour eux je me ferai tout à tous, et je donnerai jusqu'à ma vie, à cause du Christ et de l'Evangile[21].

Schluß

Es liegt eine Gefahr darin, daß in der vorliegenden Regel nur das Wesentliche aufgezeigt ist, was das gemeinsame Leben erst möglich macht. Es ist besser, dies Risiko einzugehen und sich nicht von der Selbstzufriedenheit und der Routine einfangen zu lassen.

Sollte diese Regel als das angesehen werden, worauf unser ganzes Streben hinausläuft, und uns davon entbinden, immer mehr nach dem Plan Gottes zu suchen, nach der Liebe Christi und nach dem Licht des Heiligen Geistes, so hieße das, uns eine unnütze Last auferlegen; besser wäre sie dann nie geschrieben worden.

Damit Christus in mir wachse, muß ich wissen, wie schwach ich bin – ebenso wie die Menschen, meine Brüder. Für sie werde ich allen alles werden, und ich werde auch mein Leben hingeben, um Christi und des Evangeliums willen[21].

Exhortation lue à la profession

Frère qui te confies en la miséricorde de Dieu, rappelle-toi que le Seigneur Christ vient en aide à ta faible foi et que, s'engageant avec toi il accomplit pour toi la promesse :

Il n'y a personne, en vérité, qui ayant quitté maison, frères, sœurs, mère, père, femme, enfants, ou champs à cause de moi et à cause de l'Evangile, ne reçoive cent fois davantage, maintenant dans le temps présent des maisons et des frères et des sœurs et des mères et des enfants et des champs avec des persécutions et, dans le siècle à venir, la vie éternelle[22].

C'est là une voie opposée à toute raison humaine, mais comme Abraham tu n'y peux avancer que par la foi et non par la vue[23], assuré toujours que celui qui aura perdu sa vie à cause du Christ la retrouvera[24].

Marche désormais sur les traces du Christ. Ne te mets pas en souci du lendemain[25]. Cherche premièrement le Royaume et sa justice[26]. Abandonne-toi, donne-toi, et il sera versé dans ton sein une bonne mesure pressée, secouée, débordante, car on se servira pour toi de la me-

Ermahnung, verlesen bei der Profeß

Bruder, der du auf die Barmherzigkeit Gottes vertraust,
denke daran, daß der Herr Christus deinem schwachen
Glauben zu Hilfe kommt und, indem er sich mit dir
engagiert, für dich die Verheißung erfüllt:

Wahrlich, ich sage euch: Es ist niemand, der Haus,
Brüder, Schwestern, Mutter, Vater, Weib, Kinder oder
Äcker verläßt um meinetwillen und um des Evangeli-
ums willen, der nicht hundertfältig empfange jetzt in
dieser Zeit Häuser und Brüder und Schwestern und
Mütter und Kinder und Äcker mitten unter Verfolgun-
gen, und in der zukünftigen Welt das ewige Leben[22].

Dies ist ein Weg entgegen aller menschlichen Ver-
nunft; aber wie Abraham kannst du nur vorwärtskom-
men im Glauben und nicht im Schauen[23], allezeit ge-
wiß, daß, wer sein Leben verliert um Christi willen, es
finden wird[24].

Zieh von nun an auf den Spuren Christi. Mach dir
keine Sorge um den morgigen Tag[25]. Trachte am ersten
nach dem Reich Gottes und nach seiner Gerechtigkeit[26]. Gib dich ganz hin, verschenk dich; und es wird
ein gutes, vollgedrücktes, gerütteltes, überfließendes

sure avec laquelle tu auras mesuré[27].

Que tu dormes ou que tu veilles, la nuit et le jour, la semence germe et croît sans que tu saches comment[28].

Garde-toi d'étaler ta justice devant les hommes pour en être admiré[29]. Que ta vie intérieure ne te donne pas un air triste, comme un hypocrite qui affiche un visage tout défait pour se faire voir des hommes. Oins ta tête, lave ton visage afin que seulement ton Père qui est dans le secret connaisse l'intention de ton cœur[30].

Maintiens-toi dans la simplicité et dans la joie, la joie des miséricordieux, la joie de l'amour fraternel.

Sois vigilant. Si tu dois reprendre un frère, que ce soit entre toi et lui seul[31].

Aie le souci de communion humaine avec ton prochain.

Confie-toi. Sache qu'un frère est chargé de t'écouter. Comprends-le pour qu'il s'acquitte de son ministère avec joie[32].

Le Seigneur Christ, dans la commmpassion et dans l'amour qu'il a de toi, t'a choisi pour être dans l'Eglise un signe de l'amour fraternel. Il veut que tu réalises avec tes frères la parabole de la communauté.

Maß in deinen Schoß gegeben werden; denn man wird dich mit eben dem Maß messen, mit dem du mißt[27].

Ob du wachst oder ob du schläfst, bei Tag und bei Nacht, der Same geht auf und wächst, du weißt selbst nicht wie[28].

Hab acht, daß du deine Frömmigkeit nicht übst vor den Leuten, um dafür bewundert zu werden[29]. Dein inneres Leben soll dir kein trauriges Aussehen geben gleich einem Heuchler, der sein Angesicht verstellt, um sich vor den Menschen zu zeigen. Salbe dein Haupt, wasche dein Angesicht, damit allein dein Vater, der in das Verborgene sieht, die Gedanken deines Herzens erkenne[30].

Erhalte dich in der Einfalt und in der Freude, der Freude der Barmherzigen, der Freude der brüderlichen Liebe.

Sei wachsam. Mußt du einen Bruder zurechtweisen, so geschehe es zwischen dir und ihm allein[31].

Trachte nach menschlicher Gemeinschaft mit deinem Nächsten.

Laß dich führen voll Vertrauen. Du sollst wissen, daß ein Bruder den Auftrag hat, auf dich zu hören. Versteh ihn, damit er seinen Dienst mit Freuden tut[32].

Der Herr Christus – in seinem Erbarmen und in seiner Liebe zu dir – hat dich dazu berufen, in der Kirche ein Zeichen brüderlicher Liebe zu sein. Er will, daß du mit deinen Brüdern das Gleichnis des gemeinsamen Lebens Wirklichkeit werden läßt.

Ainsi, renonçant désormais à regarder en arrière [33] et
joyeux d'une infinie reconnaissance, n'aie jamais crainte
de devancer l'aurore [34]

pour louer
et bénir
et chanter
LE CHRIST TON SEIGNEUR.

So gib es fortan auf, zurückzuschauen [33], und, fröhlich in unendlicher Dankbarkeit, scheue dich nie, der Morgenröte vorauszueilen [34],

um zu loben

und zu preisen

und zu rühmen

CHRISTUS, DEINEN HERRN.

Engagements pris à la Profession

Veux-tu, par amour du Christ, te consacrer à lui de tout ton être ?

Je le veux.

Veux-tu accomplir désormais le service de Dieu dans notre communauté, en communion avec tes frères ?

Je le veux.

Veux-tu, renonçant à toute propriété, vivre avec tes frères non seulement dans la communauté des biens matériels mais encore dans celle des biens spirituels en t'efforçant à l'ouverture de cœur?

Je le veux.

Veux-tu, pour être plus disponible à servir avec tes frères et pour te donner sans partage à l'amour du Christ, demeurer dans le célibat?

Je le veux.

Veux-tu, pour que nous ne soyons qu'un cœur et qu'une âme et pour que notre unité de service se réalise pleinement, adopter les décisions prises en communauté et s'exprimant par le prieur, se rappelant que le prieur n'est qu'un povre serviteur de communion dans la communauté?

Die Engagements bei der Profeß

Willst du um der Liebe Christi willen dich ihm hingeben mit allem, was du bist?

Ich will es.

Willst du von nun an den Dienst für Gott tun in unserer Communauté, in Gemeinschaft mit deinen Brüdern?

Ich will es.

Willst du unter Verzicht auf alles Eigentum mit deinen Brüdern leben nicht nur in der Gemeinschaft der materiellen Güter, sondern auch in der der geistigen und geistlichen Gaben, indem du dich mühst um die Offenheit des Herzens?

Ich will es.

Willst du, um besser verfügbar zu sein für den Dienst mit deinen Brüdern und um dich ungeteilt der Liebe Christi zu schenken, im Zölibat verbleiben?

Ich will es.

Willst du, damit wir einmütigen Sinnes seien und damit unsere Einheit im Dienst sich vollauf verwirkliche, die Entscheidungen annehmen, die in der Communauté getroffen und durch den Prior zum Ausdruck gebracht

Je le veux.

Veux-tu, discernant toujours le Christ en tes frères, veiller sur eux dans les bons et les mauvais jours, dans la souffrance et dans la joie?

Je le veux.

werden, und daran denken, daß er nur ein armer Diener
an der Gemeinschaft in der Communauté ist?

Ich will es.

Willst du stets Christus in deinen Brüdern wiederer-
kennen und so über sie wachen in guten und schlechten
Tagen, im Leiden und in der Freude?

Ich will es.

Notes

N.B. Un livre actualise la Règle de Taizé et, avec elle, exprime les lignes de force de notre vocation : *Unanimité dans le pluralisme.*

1. Marc 10.29
2. Philippiens 3.13
3. Jean 12.24
4. Jean 8.12 et Matthieu 5.14
5. Jean 17.15
6. Luc 24.53
7. Psaume 30. 12-13
8. Luc 18.1
9. Marc 4.27
10. Luc 10.42
11. Actes 2.46
12. Psaume 34.15
13. Lamentations 3. 22-23
14. Matthieu 18.22
15. Matthieu 18.17
16. Psaume 51.14
17. Voir 1 Corinthiens 7.32
18. Jean 15.13
19. Voir Exode 16.
20. Luc 10.1
21. Marc 10.29
22. Marc 10. 29-30 et Luc 18. 29-30
23. 2 Corinthiens 5.7
24. Matthieu 16.25
25. Matthieu 6.34
26. Matthieu 6.33
27. Luc 6.38
28. Marc 4.27
29. Matthieu 6.1
30. Matthieu 6. 16-18
31. Matthieu 18.15
32. Hébreux 13.17
33. Philippiens 3.13
34. Psaume 119.147

Anmerkungen

Die vorliegende „Regel von Taizé" wird durch das Buch „*Einmütig im Pluralismus*" aktualisiert. Zusammen bringen beide die Grundlinien unserer Berufung zum Ausdruck.

[1] Markus 10,29
[2] Philipper 3,13
[3] Johannes 12,24
[4] Johannes 8,12 und Matthäus 5,14
[5] Johannes 17,15
[6] Lukas 24,53
[7] Psalm 30,12.13
[8] Lukas 18,1
[9] Markus 4,27
[10] Lukas 10,42
[11] Apostelgeschichte 2,46
[12] Psalm 34,15
[13] Klagelieder 3,22.23
[14] Matthäus 18,22
[15] Matthäus 18,17
[16] Psalm 51,14
[17] Siehe 1. Korinther 7,32
[18] Johannes 15,13
[19] Siehe 2. Mose 16
[20] Lukas 10,1
[21] Markus 10,29
[22] Markus 10,29.30 und Lukas 18,29.30
[23] 2. Korinther 5,7
[24] Matthäus 16,25
[25] Matthäus 6,34
[26] Matthäus 6,33
[27] Lukas 6,38
[28] Markus 4,27
[29] Matthäus 6,1
[30] Matthäus 6,16–18
[31] Matthäus 18,15
[32] Hebräer 13,17
[33] Philipper 3,13
[34] Psalm 119,147

Nach viereinhalb Jahren Vorbereitung wurde am 30.
August bis 1. September 1974 in Taizé das Konzil der
Jugend eröffnet. 40 000 Jugendliche aus über 100 Län-
dern beteiligten sich an der Eröffnung.

Zu diesem Anlaß schrieb frère Roger den Brief „Das
Unverhoffte gestalten". Der Brief richtet sich zunächst
an die Jugendlichen, doch wendet er sich darüber hin-
aus an alle Menschen, die Christus suchen. Er wird hier
zum ersten Mal im Anschluß an „Die Regel von Taizé"
veröffentlicht, denn er ist von gleicher Art.

Vivre l'inespéré

Ouverture du concile des jeunes
Taizé, ce 30 août 1974

Cette lettre, je l'ai écrite pour toi qui veux construire ton existence en communion avec le Christ qui est amour. Tu seras d'autant plus libre pour passer d'un provisoire à un autre provisoire que tu te référeras, ta vie durant, à quelques valeurs essentielles, à quelques réalités simples.

Avec le peuple de Dieu, avec des hommes de toute la terre, tu es invité à vivre l'inespéré. A toi tout seul, comment connaîtrais-tu le rayonnement de Dieu ?

Trop éblouissant pour être vu, Dieu est un Dieu qui aveugle le regard. Le Christ, lui, capte ce feu dévorant et, sans éclat, laisse Dieu transparaître.

Connu ou non, le Christ est là, auprès de chacun. Il est tellement lié à l'homme qu'il demeure en lui, même à son insu. Il est là comme un clandestin, brûlure au cœur de l'homme, lumière dans l'obscurité.

Mais le Christ est aussi un autre que toi-même. Lui, le Vivant, se tient en avant et au-delà de toi.

Là est son secret, lui t'a aimé le premier.

Là est le sens de ta vie : être aimé pour toujours, aimé jusque dans l'eternité, pour qu'à ton tour tu ailles jusqu'à mourir d'aimer. Sans l'amour, à quoi bon exister ?

Désormais, dans la prière comme dans la lutte, rien n'est

Das Unverhoffte gestalten

Eröffnung des Konzils der Jugend
Taizé, am 30. August 1974

Diesen Brief habe ich für dich geschrieben, der du dein Leben bauen willst in Gemeinschaft mit Christus, der Liebe ist. Je mehr du dich dein ganzes Leben hindurch an einige grundlegende Werte hältst, an einige einfache Wirklichkeiten, desto freier wirst du sein, von einem Provisorium ins andere zu gehen.

Zusammen mit dem Volk Gottes, mit den Menschen der ganzen Erde bist du eingeladen, das Unverhoffte zu gestalten. Du ganz allein, wie könntest du das klare Leuchten Gottes erkennen?

Gott in seiner Herrlichkeit ist zu strahlend, als daß wir ihn schauen können. Wir werden geblendet. In Christus wird dieses verzehrende Feuer eingefangen. Gott strahlt durch ihn hindurch, ohne Aufsehen.

Ob wir von Christus wissen oder nicht, er ist da, ganz nahe bei jedem einzelnen. Er hat sich so sehr an jeden Menschen gebunden, daß er in ihm wohnt, selbst wenn der einzelne es nicht weiß. Christus ist da, wie im Untergrund verborgen, eingebrannt ins Herz des Menschen, Licht in der Dunkelheit.

Aber Christus ist auch ein anderer als du selbst, er ist der Lebende, der vor dir geht und weit über dich hinausreicht.

Das ist sein Geheimnis: er hat dich zuerst geliebt.

grave si ce n'est de perdre l'amour. Sans l'amour à quoi bon la foi, à quoi bon aller jusqu'à brûler son corps aux flammes?

Le pressens-tu? Lutte et contemplation ont une seule et même source: le Christ qui est amour.

Si tu pries c'est par amour. Si tu luttes pour rendre visage humain à l'homme exploité, c'est encore par amour.

Te laisseras-tu introduire sur ce chemin? Au risque de perdre ta vie par amour, vivras-tu le Christ pour les hommes?

Avec les hommes de toute la terre

Pour faire entendre la voix des hommes sans voix, pour promouvoir une société sans classes, que peut un homme à lui tout seul?

Avec tout le peuple de Dieu, collectivement, il est possible d'allumer un feu sur la terre.

Une question du Christ prend à la gorge: quand le pauvre avait faim, m'as-tu reconnu en lui? Où étais-tu quand je partageais la vie du plus démuni? Etais-tu l'oppresseur, ne serait-ce que d'un seul sur la terre? Quand je disais « Malheur aux riches », riches en argent, riches en doctrinarismes, as-tu préféré les mirages de la richesse?

Ta lutte ne peut pas se vivre dans des idées qui virevoltent sans se concrétiser.

Brise les oppressions des pauvres et des exploités: témoin étonné, tu verras naître des signes de résurrection dès maintenant sur la terre.

Partage tes biens en vue d'une plus grande justice. Ne rends personne victime de toi-même. Frère de tous, frère universel, accours vers l'homme déconsidéré, rejeté.

« Aime ceux qui te haïssent, prie pour ceux qui te font du mal. » Dans la haine, que refléterais-tu du Christ? « Aime ton

Darin liegt der Sinn deines Lebens: geliebt zu sein, für immer, geliebt bis in die Ewigkeit, damit du deinerseits grenzenlos liebst. Ohne die Liebe, wozu leben?

Von nun an ist nichts schlimm, weder im Gebet noch im Kampf, es sei denn, wir verlieren die Liebe. Ohne die Liebe, wozu glauben – wozu selbst unseren Leib zum Verbrennen hingeben?

Ahnst du es? Kampf und Kontemplation haben ein und dieselbe Quelle: Christus, der Liebe ist.

Wenn du betest, geschieht es aus Liebe. Wenn du kämpfst, um dem Entrechteten sein Menschengesicht wiederzugeben, geschieht auch das aus Liebe.

Wirst du dich zu diesem Weg hinführen lassen? Auf die Gefahr hin, dein Leben aus Liebe zu verlieren, wirst du für die Menschen Christus leben?

Gemeinsam mit den Menschen der ganzen Erde

Was vermag ein Einzelner, auf sich selbst gestellt, wenn es darum geht, der Stimme der Stimmlosen Gehör zu verschaffen und eine Gesellschaft ohne Klassen voranzubringen.

Gemeinsam, mit dem ganzen Volk Gottes, kann ein Feuer auf der Erde entzündet werden.

Eine Frage von Christus trifft uns bis ins Innerste: Hast du mich in dem Armen, der Hunger hatte, erkannt? Wo bist du gewesen, als ich selbst einer der Elendesten war? Warst du Unterdrücker – auch nur eines einzigen Menschen auf der Erde? Als ich sagte: „Unglücklich die Reichen", die Reichen an Geld und Ideologien, hast du da die Wunschbilder des Reichtums vorgezogen?

Du kannst keinen wirklichen Kampf im luftleeren Raum führen, mit Ideen, die nicht konkret werden.

Zerbrich die Unterdrückung der Armen und Ausgebeute-

prochain comme toi-même ». Si tu te détestais toi-même, quel ravage en toi.

Homme de surabondance, tu cherches à tout comprendre de l'autre.

Plus tu approcheras d'une communion, plus le tantateur se dépensera. Pour être libéré de l'opposant, chante le Christ jusqu'à la joie sereine.

Les tensions peuvent avoir valeur créatrice. Mais, quand la relation avec l'autre en vient à se dégrader dans le grouille-ment des contradictions intérieures, dans les impossibilités de communication, il y a, ne l'oublie pas, un au-delà à l'aridité de ce présent.

L'homme juge l'autre d'après lui-même, d'après son cœur. Toi, souviens-toi uniquement de ce que tu as découvert de meilleur en l'autre. La parole de libération sur les lèvres, non pas la bouche pleine de condamnations, ne te fatigue pas à regarder la paille qui est dans l'œil de ton frère.

Si on te juge faussement à cause du Christ, danse et par-donne comme Dieu a pardonné. Tu te trouveras libre, incom-parablement.

En tout différend, à quoi bon chercher qui a eu tort et qui a eu raison.

Fuis l'habileté manœuvrière, cherche la limpidité du cœur, ne manipule jamais la conscience de l'autre, utilisant son in-quiétude comme un levier pour le faire entrer dans ton projet.

En toutes choses, la facilité des moyens va contre la créati-vité. La pauvreté des moyens conduit à vivre intensément, dans l'allégresse de l'aujourd'hui. Mais la joie s'évanouit si la pauvreté des moyens conduit à l'austérité ou à un esprit de jugement.

La pauvreté des moyens enfante le sens de l'universel... Et la fête recommence. La fête ne finira point.

Si la fête disparaissait parmi les hommes... Si nous allions un beau matin nous réveiller dans une société rassasiée, mais

ten: Du wirst erstaunter Zeuge sein, wie Zeichen der Auferstehung schon jetzt auf der Erde entstehen.

Teile deine Güter, um größere Gerechtigkeit zu erreichen. Mache niemand zu deinem Opfer. Bruder aller, Bruder für alle ohne Unterschied, laufe hin zu den Menschen, die mißachtet und ausgestoßen sind.

„Liebe, die dich hassen, bete für alle, die dir Übles tun." Wenn Haß in dir ist, kannst du dann Christus widerspiegeln? „Liebe deinen Nächsten wie dich selbst." Wenn du dich selbst abscheulich findest, wie öde kann es dann in dir werden.

Mensch des Überströmens, du versuchst, alles vom anderen zu verstehen.

Je mehr du dich einer Gemeinschaft näherst, desto mehr wendet der Versucher auf. Um vom Gegenspieler befreit zu werden, singe Christus, bis die Freude durchbricht.

Spannungen können schöpferisch sein. Wenn aber aus deinen Beziehungen zu den anderen ein Grollen innerer Widersprüche wird, und wenn du dich nicht mehr verständlich machen kannst, dann vergiß niemals, daß es auch mitten in der bestehenden Fruchtlosigkeit etwas gibt, das darüber hinausreicht.

Der Mensch urteilt über den anderen von sich selbst her, aus seinem eigenen Herzen heraus. Doch du, denke ausschließlich an das Beste, das du im Anderen entdeckt hast. Das Wort der Befreiung auf den Lippen, statt den Mund voller Verurteilungen, halte dich nicht damit auf, im Auge deines Bruders den Strohhalm zu suchen.

Wenn du wegen Christus zu unrecht verurteilt wirst, tanze und vergib, wie Gott vergeben hat. Dann wirst du frei sein, unvergleichlich frei.

Wozu willst du bei allen Auseinandersetzungen herausfinden, wer Unrecht hatte und wer im Recht war?

Fliehe jede raffinierte Gewandtheit, suche die Lauterkeit des Herzens. Manipuliere niemals das Gewissen des andern,

vidée de la spontanéité… Si la prière devenait un discours sé-
cularisé au point d'évacuer le sens du mystère, sans laisser
place à la prière du corps, à la poésie, à l'affectivité, à l'intui-
tion… Si nous allions perdre une confiance d'enfant dans
l'eucharistie et dans la parole de Dieu… Si, aux jours de gri-
sailles, nous détruisions ce que nous avons saisi aux jours de
lumière… Si nous allions refuser un bonheur offert par Celui
qui huit fois déclare « heureux… » (Matt. 5).

Si la fête s'efface du corps du Christ, si l'Eglise est lieu de
rétrécissements, non pas de compréhension universelle, où
trouver sur la terre un lieu d'amitié pour toute l'humanité ?

L'homme n'est lui-même qu'en présence de Dieu

Si, dans la prière, tu ne trouves aucune résonance sensible de
Dieu en toi, pourquoi t'inquiéter ? La ligne de partage est imprécise entre le vide et la plénitude, comme elle l'est entre le
doute et la foi, entre la crainte et l'amour.

L'essentiel demeure caché à tes propres yeux. Mais l'ardeur
de la recherche en est plus soutenue encore, pour avancer vers
l'unique réalité. Alors, peu à peu, il devient possible de pres-
sentir la profondeur, la largeur, d'un amour qui dépasse toute
connaissance. Là tu touches aux portes de la contemplation.
Là tu puises les énergies pour les recommencements, pour
l'audace des engagements.

La découverte de toi-même, sans personne pour te comprendre, peut provoquer une honte d'exister qui va jusqu'à
l'autodestruction. Tu en viens parfois à te croire un condamné
vivant. Mais pour l'Evangile il n'y a ni normalité ni anorma-
lité, il y a des hommes à l'image de Dieu. Qui pourrait alors
condamner ? Jésus prie en toi. Il offre la libération du pardon
à quiconque vit avec un cœur de pauvre, pour qu'il devienne,
à son tour, un libérateur pour les autres.

benutze seine innere Unsicherheit nicht als Hebel, um ihn vor den eigenen Karren zu spannen.

Bequeme Mittel wirken schöpferischen Kräften immer entgegen. Die Armut der Mittel ermöglicht uns, intensiv und voll heiterem Sinn im Heute zu leben. Aber die Freude verflüchtigt sich, wenn die Armut der Mittel zu Strenge und Kritiksucht führt.

Die Armut der Mittel weckt den Sinn für das Universelle ... und das Fest fängt aufs neue an; das Fest, das nie aufhören wird.

Wenn das Fest unter den Menschen verschwinden würde ... wenn wir an einem schönen Morgen in einer übersättigten Gesellschaft, bar jeglicher Spontaneität, erwachen würden ... wenn das Gebet zu einem bloßen Reden würde, so sehr säkularisiert, daß es keinen Sinn mehr für das Geheimnis kennt, ohne Raum für das Gebet des Körpers, für die Poesie, das Gemüt, die innere Empfindung ... wenn wir der Eucharistie und dem Wort Gottes nicht mehr vertrauen würden wie ein Kind ... wenn wir in den Tagen, an denen alles grau in grau ist, zerstören würden, was wir in den lichtvollen Tagen erfaßt haben ... wenn wir ein Glück zurückweisen würden, das uns Der anbietet, der achtmal ausruft: „Glücklich..." (Matth. 5)

Wenn das Fest aus dem Leib Christi verschwinden würde, wenn die Kirche ein Ort des Einengens statt des universalen Verstehens ist, wo können wir dann noch auf der Erde einen Ort der Freundschaft für die gesamte Menschheit finden?

Nur in der Gegenwart Gottes ist der Mensch ganz Mensch

Warum beunruhigst du dich, wenn du beim Beten keinen spürbaren Widerhall von Gott in dir erfährst? Die Scheidungslinie verläuft unscharf zwischen Leere und Fülle, wie auch zwischen Zweifel und Glaube, Angst und Liebe.

En tout homme se trouve une part de solitude qu'aucune intimité humaine ne peut combler, pas même l'amour le plus fort entre deux êtres. Qui ne consent pas à ce lieu de solitude connaît la révolte contre les hommes, contre Dieu lui-même.

Pourtant tu n'es jamais seul. Laisse-toi sonder jusqu'au cœur de toi-même, et tu verras que tout homme est créé pour être habité. Là, au creux de l'être, là où personne ne ressemble à personne, le Christ t'attend. Là se passe l'inattendu.

Passage fulgurant de l'amour de Dieu, le Saint-Esprit traverse chaque être humain comme un éclair dans sa nuit. Par ce passage, le Ressuscité te saisit, il se charge de tout, il prend sur lui tout ce qui est intolérable.

Après coup seulement, parfois longtemps après, tu le comprendras le Christ a passé, sa surabondance a été donnée.

Au moment où les yeux s'ouvrent à ce passage, tu te diras : « Mon cœur n'était-il pas tout brûlant au-dedans de moi pendant qu'il me parlait ? »

Le Christ n'anéantit pas l'homme de chair et de sang. Dans une communion avec lui, pas de place pour les aliénations. Il ne brise pas ce qui est en l'homme. Il n'est pas venu pour abolir, mais pour accomplir. Quand tu écoutes, dans le silence de ton cœur, il transfigure le plus inquiétant en toi. Quand tu es enveloppé par l'incompréhensible, quand la nuit se fait dense, son amour est un feu. A toi de regarder cette lampe allumée dans l'obscurité, jusqu'à ce que l'aurore commence à poindre et le jour à se lever dans ton cœur.

Heureux celui qui meurt d'aimer

Sans relâche, ô Christ, tu m'interpelles et me demandes : « Qui dis-tu que je suis ? »

Tu es celui qui m'aimes jusque dans la vie qui ne finit pas.

Das Wesentliche bleibt deinen eigenen Augen verborgen. Aber das brennende Verlangen nach der einzigen Wirklichkeit wird dadurch noch mehr angefacht. Erst dann wird es allmählich möglich sein, die Tiefe und Weite einer Liebe zu erahnen, die jedes Verstehen übersteigt. Dort gelangst du an das Tor zur Kontemplation. Dort schöpfst du die Energien, wieder neu zu beginnen, alles für das Ganze zu riskieren.

Wenn du dich selbst entdeckst und von niemandem verstanden wirst, kann es dazu kommen, daß du dich schämst, überhaupt da zu sein, und du dich sogar selbst zerstören möchtest. Manchmal glaubst du dann, ein lebendig Verdammter zu sein. Aber für das Evangelium gibt es weder normal noch anomal. Es gibt den Menschen, der Ebenbild Gottes ist. Wer könnte also verurteilen? Jesus betet in dir. Er bietet die Befreiung der Vergebung jedem an, der mit dem Herzen eines Armen lebt, damit auch er Befreier für die anderen wird.

In jedem Menschen gibt es ein Stück Einsamkeit, die keine menschliche Zuneigung ausfüllen kann, nicht einmal die umfassendste Liebe zwischen zwei Menschen. Wer diesen Ort der Einsamkeit nicht wahrhaben will, lehnt sich gegen die Menschen, gegen Gott selbst auf.

Dennoch, niemals bist du allein. Laß dich bis aufs Herz prüfen, und du wirst sehen, daß jeder Mensch dazu geschaffen ist, bewohnt zu sein. Dort in den Tiefen des Menschseins, wo keiner dem anderen gleicht, dort wartet Christus auf dich. Dort ereignet sich das Unerwartete.

Strahlend zieht die Liebe Gottes vorüber, der heilige Geist durchquert wie ein Blitz jeden Menschen in seiner Nacht. Bei diesem Vorüberkommen ergreift dich der Auferstandene, er belädt sich mit allem, er nimmt alles auf sich, was unerträglich ist.

Erst hinterher, manchmal erst sehr viel später, wird dir klar: Christus kam vorüber und schenkte aus seiner Überfülle.

Wenn der Augenblick da ist, wo deine Augen sich für sein

Tu m'ouvres la voie du risque. Tu me précèdes sur le chemin de la sainteté, où est heureux celui qui meurt d'aimer, où le martyre est la réponse ultime.

Le non qui est en moi, tu le transfigures jour après jour en oui. Tu me demandes non pas quelques bribes, mais toute mon existence.

Tu es celui qui, de jour et de nuit, pries en moi sans que je sache comment. Mes balbutiements sont prière : t'appeler par le seul nom de Jésus emplit notre communion.

Tu es celui qui, chaque matin, passes à mon doigt l'anneau du fils prodigue, l'anneau de fête.

Et moi, pourquoi ai-je hésité si longtemps ? Ai-je « échangé le rayonnement de Dieu contre l'impuissance, ai-je abandonné la source d'eau vive pour me creuser des citernes lézardées qui ne tiennent pas l'eau ? » (Jér. 2).

Toi, inlassablement, tu me cherchais. Pourquoi ai-je hésité à nouveau, demandant qu'il me soit laissé du temps pour m'occuper de mes affaires ? Après avoir mis la main à la charrue, pourquoi avoir regardé en arrière ? Sans trop le savoir, je me rendais impropre à te suivre.

Pourtant, sans t'avoir vu, je t'ai aimé.

Tu me répétais : vis le très peu de chose que tu as compris de l'Evangile. Annonce ma vie parmi les hommes. Allume un feu sur la terre. Toi, suis-moi...

Et, un jour, je l'ai compris : tu appelais ma résolution sans retour.

Roger, ton frère

90

Vorüberkommen öffnen, wirst du dir sagen: „Brannte nicht das Herz in mir, als er zu mir sprach?"

Christus vernichtet nicht den Menschen aus Fleisch und Blut. Entfremdungen haben in der Gemeinschaft mit ihm keinen Platz. Er zerbricht nicht, was im Menschen da ist. Er ist nicht gekommen, niederzureißen, sondern zu erfüllen. Wenn du in dich selbst hineinhorchst, verklärt er in der Stille deines Herzens, was dich am meisten beunruhigt. Wenn du in Unverständliches eingehüllt bist, wenn die Nacht dunkel ist: seine Liebe ist ein Feuer. Auf dich kommt es an, daß du die Lampe siehst, die solange im Dunkel brennt, bis die Morgenröte hervorbricht und der Tag in deinem Herzen aufsteigt.

Glücklich, wer grenzenlos liebt

Christus, du forderst mich unablässig heraus und fragst mich: „Wer bin ich für dich?"

Du bist der, der mich bis in das Leben liebt, das niemals aufhört.

Du öffnest mir den Weg zum Wagnis. Du gehst mir auf dem Weg zur Heiligkeit voran. Glücklich ist dort, wer grenzenlos liebt, bis in den Tod; auf diesem Weg, der bis zum Zeugnis des Martyriums führen kann.

Das Nein in mir verwandelst du Tag um Tag in ein Ja. Du willst von mir nicht nur einige Bruchstücke, sondern mein ganzes Dasein.

Du bist es, der Tag und Nacht in mir betet, ohne daß ich wüßte wie. Mein Stammeln ist ein Gebet: Dich bei dem einen Namen Jesus nennen, darin erfüllt sich unsere Gemeinschaft.

Du bist es, der jeden Morgen den Ring des verlorenen Sohnes an meinen Finger steckt, den Ring des Festes.

Und ich, warum habe ich so lange gezögert? Habe ich „das Strahlen Gottes gegen die Ohnmacht ausgetauscht, habe ich

die Quellen des lebendigen Wassers verlassen, um rissige Zisternen zu graben, aus denen das Wasser wegfließt?" (Jer. 2).

Du hast mich unablässig gesucht. Warum habe ich von neuem gezögert und noch um Zeit gebeten, meine eigenen Sachen in Ordnung zu bringen? Warum habe ich noch zurückgeschaut, nachdem ich schon die Hand an den Pflug gelegt hatte? Ohne es genau zu wissen, war ich untauglich geworden, dir nachzufolgen.

Dennoch habe ich dich geliebt, ohne dich gesehen zu haben.

Du hast es mir wiederholt gesagt: Lebe das, was du vom Evangelium begriffen hast, und sei es noch sowenig. Verkünde mein Leben unter den Menschen. Entzünde ein Feuer auf der Erde. Du, folge mir nach...

Dann, eines Tages habe ich begriffen: Du wolltest meinen unwiderruflichen Entschluß.

Roger, dein Bruder

Texte und Informationen zum Konzil der Jugend

Communion
Texte, Artikel, Interviews, die die Themen des Konzils der Jugend weiterführen. Heft 8–10 über die Feiern des Konzils der Jugend in Elendsgebieten Nord- und Südamerikas. Abonnement 15 ffr/9.00 DM.

Brief aus Taizé
erscheint monatlich in neun Sprachen und bringt Nachrichten und Gedanken zum Konzil der Jugend. Abonnement 20.– DM.

Leben wagen
ein Buch über den Weg zum Konzil der Jugend, von einer Gruppe junger Menschen aus fünf Kontinenten erarbeitet, 2., stark erweiterte Auflage, Styria Verlag. 175 Seiten, 70 S/13.20 sFr/9.80 DM.

Taizé und das Konzil der Jugend
mit Berichten und Texten von der Eröffnung 1974, Herder-Taschenbuch Nr. 543.

Die Jugendtreffen in Taizé
Die Treffen beginnen jeweils montags und enden am Sonntag. Jeder kann bei der Ankunft wählen zwischen Retraite, praktischer Arbeit und verschiedenen Themenstellungen. Die innere Mitte sind die drei täglichen Gottesdienste der Gemeinschaft der Brüder. Das Mindestalter ist 18 Jahre. Vorherige Anmeldung ist erforderlich. Die Lebensbedingungen sind sehr einfach.

Für weitere Informationen:
Jugendtreffen F 71460 Taizé Communauté,
Tel. 0033/85/501125

Principaux livres de frère Roger, prieur de Taizé :